escola - sikolwa	2
viatge - kuhamba	5
transport - kwetfutsa	8
ciutat - lidolobha lelikhulu	10
paisatge - libala	14
restaurant - sitolo sekudla	17
supermercat - isuphamakethe	20
begudes - tinatfo	22
menjar - kudla	23
granja - lipulazi	27
casa - indlu	31
sala d'estar - indzawo yamabonakudze	33
cuina - likhishi	35
bany - likamelo lekugezela	38
cambra de nen - likamelo lemntfwana	42
roba - timphahla tekugcoka	44
oficina - lihhovisi	49
economia - umnotfo	51
oficis - tikhundla	53
eines - emathulusi	56
instrument de música - insimbi yemculo	57
zoo - i-zoo	59
esports - temidlalo	62
activitats - imisebenti	63
família - umndeni	67
cos - umtimba	68
hospital - sibhedlela	72
urgència - simo lesiphutfumako	76
terra - Umhlaba	77
rellotge - liwashi	79
setmana - liviki	80
any - umnyaka	81
formes - kubumbeka kwetintfo	83
colors - imibala	84
oposats - lokwehlukile	85
nombres - tinombolo	88
llengües - tilwimi	90
qui / què / com - ngubani / ini / njani	91
on - kuphi	92

Impressum
Verlag: BABADADA GmbH, Nedderfeld 112 , 22529 Hamburg
Geschäftsführer / Verlagsleitung: Harald Hof
Druck: Books on Demand GmbH, In de Tarpen 42, 22848 Norderstedt

Imprint
Publisher: BABADADA GmbH, Nedderfeld 112 , 22529 Hamburg, Germany
Managing Director / Publishing direction: Harald Hof
Print: Books on Demand GmbH, In de Tarpen 42, 22848 Norderstedt

escola
sikolwa

- classe / likilasi
- dividir / hlukanisa
- tauler / libhodi
- pati (de l'escola) / ligceke lesikolwa
- professor / thishela
- paper / liphepha
- escriure / bhala
- estilogràfica / ipeni
- escriptori / lideski
- regle / i-ruler
- llibre / incwadzi
- estudiant / umuntfu

bossa
sikhwama setincwadzi tesikolwa

estoig
sikhwanyana semapenisela

llapis
ipenisela

maquineta de fer punta
umshini wekulolo ipenisela

goma
i-rubber

bloc de dibuix
intfo yekudvweba

dibuix
umdvwebo

pinzell
libhulashi lekupenda

capsa de pintures
libhokisi lekupenda

tisores
tikelo

cola
i-glue

quadern d'exercicis
incwadzi yekutadisha

deures
umsebenti wasekhaya

nombre
inombolo

afegir
hlanganisa

sostreure
susa

multiplicar
phindzaphidza

calcular
bala

lletra
incwadzi

alfabet
feleba

mot
ligama

escola - sikolwa

text
umbhalo

llegir
fundza

guix
ishogo

lliçó
sifundvo

llibre de classe
i-register

examen
sivivinyo sekugcina

certificat
sitifiketi

uniforme escolar
timphahla tesikolwa

formació
imfundvo

enciclopèdia
i-ensaklopheda

universitat
inyuvesi

microscopi
sipopolo

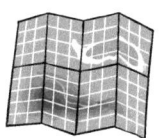

mapa
libalave

paperera
libhakede lekulahla emaphepha

escola - sikolwa

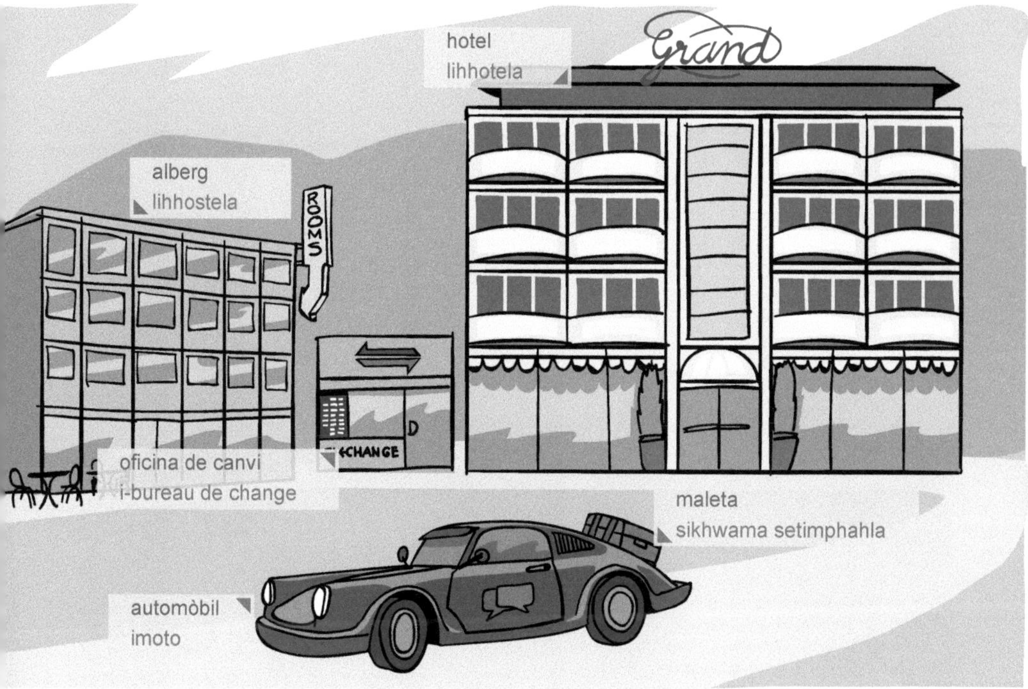

viatge
kuhamba

hotel
lihhotela

alberg
lihhostela

oficina de canvi
i-bureau de change

maleta
sikhwama setimphahla

automòbil
imoto

llengua
lulwimi

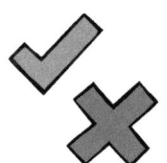

sí / no
yebo / cha

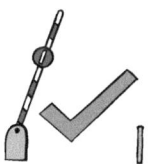

D'acord
Kulungile

salut
sawubona

traductor
umhumushi

gràcies
Siyabonga

Quant costa… ?
ingumalini i….?

No entenc
angivisisi kahle

problema
inkinga

Bona nit!
Lishonile!

bon dia!
Kusile!

bona nit!
Ulale kahle!

fins aviat
sala kahle

direcció
sicondziso

bagatge
umtfwalo

bossa
sikhwama

sarrona
sikhwama lesigacwako

convidat
sivakashi

cambra
likamelo

sac de dormir
sikhwama sekulala

tenda
lithende

viatge - kuhamba

oficina de turisme	platja	carta de crèdit
imininingwane yetivakashi	ibhishi	likhadi lemali

esmorzar	dinar	sopar
kudla kwasekuseni	kudla kwasemini	kudla kwantsambama
	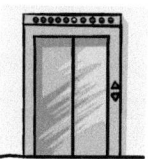	
bitllet	ascensor	segell
lithikithi	i-lift	sitembu

frontera	duana	ambaixada
umcele	emakhasimende	i-embasi

visat	passaport	
i-visa	ipasipoti	

viatge - kuhamba

transport
kwetfutsa

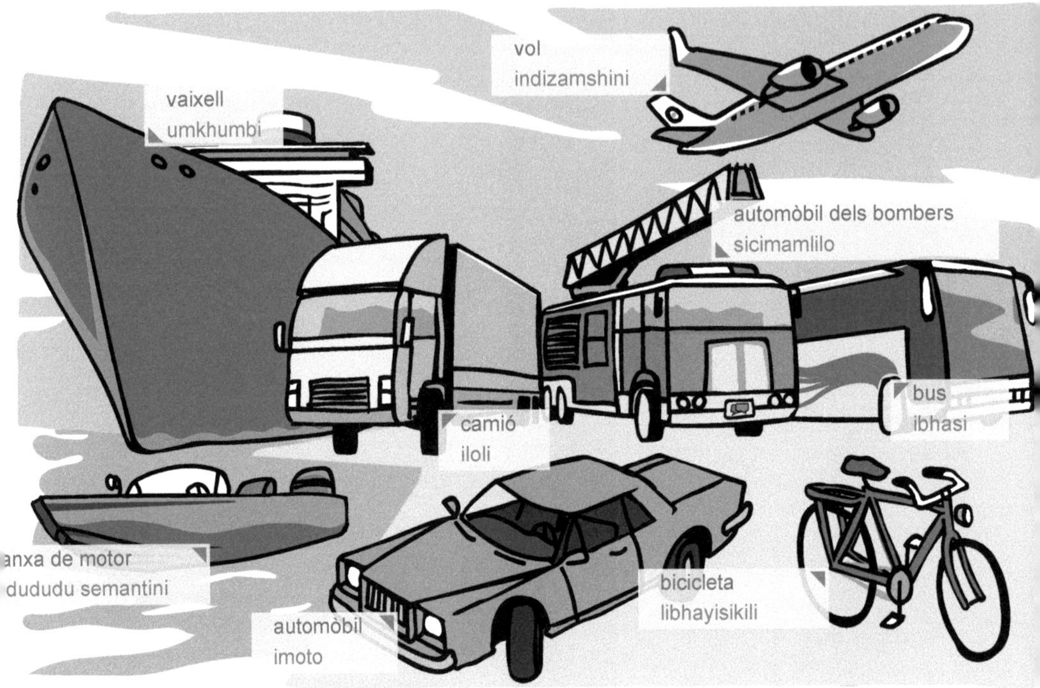

vol
indizamshini

vaixell
umkhumbi

automòbil dels bombers
sicimamlilo

camió
iloli

bus
ibhasi

lanxa de motor
dududu semantini

automòbil
imoto

bicicleta
libhayisikili

transbordador
i-ferry

barca
sikebhe

moto
sidududu

automòbil de policia
imoto yemaphoyisa

automòbil de curses
imoto yemjaho

automòbil de lloguer
imoto yekucashisa

vehicle compartit

kubolekana imoto

grua

i-breadown

camió de les escombraries

iloli yetibi

motor

imoto

benzina

phethiloli

benzineria

ligalaji laphethiloli

senyal de trànsit

luphawu lwemgwaco

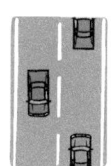

trànsit

incumbi yetimoto

embús

incumbi yetimoto letime emngwacweni

aparcament

ipaki yemoto

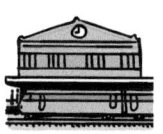

estació de trens

siteshi sesitimela

vies

imizila

tren

sitimela

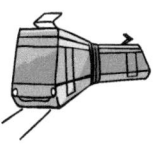

tramvia

i-tram

vagó

inkalishi

helicòpter
indiza lenaphephela emhlane

aeroport
sikhungo setindiza

torre
imoto yekudvonsa letibhajiwe

passatger
bagibeli

contenidor
intfo yekutfwala

capsa de cartó
likhathoni

carretó
i-cart

cistella
bhasikidi

enlairar-se / aterrar
kusuka / kwehla

ciutat
lidolobha lelikhulu

poble
umuti

centre de la ciutat
ekhatsi nelidolobha

casa
indlu

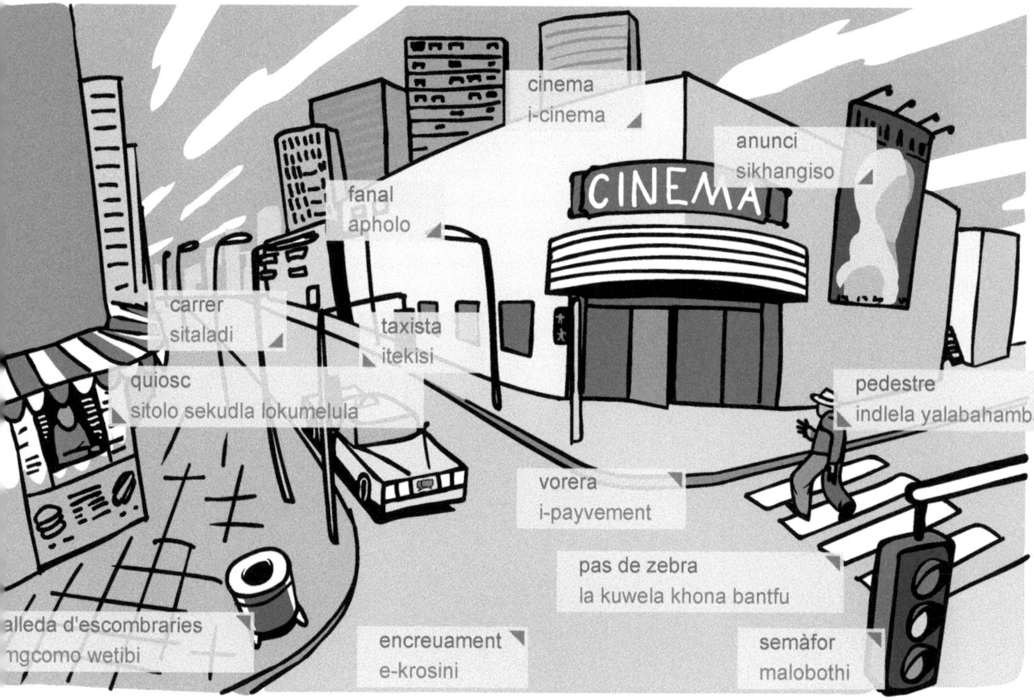

cinema
i-cinema

anunci
sikhangiso

fanal
apholo

carrer
sitaladi

taxista
itekisi

quiosc
sitolo sekudla lokumelula

pedestre
indlela yalabahamba

vorera
i-payvement

pas de zebra
la kuwela khona bantfu

alleda d'escombraries
ngcomo wetibi

encreuament
e-krosini

semàfor
malobothi

cabana
gucasthandaze

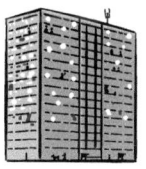

apartament
lifulethi

estació de trens
siteshi sesitimela

casa de la vila-ciutat
lihholwa lasedolobheni

museu
imnyusiyamu

escola
sikolwa

ciutat - lidolobha lelikhulu

universitat
inyuvesi

banca
libhange

hospital
sibhedlela

hotel
lihhotela

farmàcia
ikhemisi

oficina
lihhovisi

llibreria
sitolo setincwadzi

botiga
sitolo

floristeria
lotsengisa timbali

supermercat
isuphamakethe

mercat
imakethe

gran magatzem
litiko letitolo

peixateria
batsengisi betimfishi

centre comercial
luchungechuge lwetitolo

port
sikhungo

ciutat - lidolobha lelikhulu

parc
lipaki

banc
libhentji

pont
libhuloho

escala
titezi

metro
ngephansi kwemhlaba

túnel
umhume

baixada d'autobús
siteshi sebhasi

bar
sitolo setjwala

restaurant
sitolo sekudla

bústia de correu
libhokisi leliposi

senyal indicador
luphawu lwemgwaco

parquímetre
umshini lobala sikhatsi sekupaka

zoo
i-zoo

piscina
i-swimming pool

mesquita
lisontfo lemasulumane

ciutat - lidolobha lelikhulu

granja	pol·lució	cementiri
lipulazi	kugcolisa umoya	emathuna

església	parc infantil	temple
lisontfo	inkhundla yetemidlalo	lithempeli

paisatge
libala

- fulla / licembe
- cartell indicador / luphawu lwemgwaco
- camí / indlela
- prat / umshiya
- pedra / litje
- arbre / sihlahla
- excursionista / lohamba indlela lendze ngetinyawo
- riu / umfula
- gespa / tjani
- flor / imbali

paisatge - libala

vall
sihosha

muntanya
ligcuma

llac
lidanyana

bosc
lihlatsi

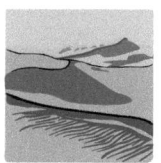
desert
lihlane

volcà
intsabamlilo

castell
umhlambi wetinkhomo

arc de Sant Martí
umushi wenkhosatane

bolet
likhowa

palmera
sihlahla semphayini

moscard
imbuzulwane

mosca
kundiza

formiga
intfutfwane

abella
inyosi

aranya
sayobi

paisatge - libala

escarabat
inkhubabulongo

granota
sicoco

esquirol
chakijane

eriçó
ingungumbane

llebre
lolunye luhlobo lwalogwaja

òliba
sikhova

ocell
inyoni

cigne
i-swan

senglar
ingulube yesiganga

cervo
inyamatane

ant
i-moose

presa
lidamu

turbina
i-wind turbine

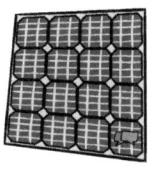

panell solar
i-solar panel

clima
simo selitulu

paisatge - libala

restaurant
sitolo sekudla

- cambrer / waiter
- menú / luhla lwekudla
- cadira / situlo
- pizza / i-pizza
- sopa / lisobho
- tovalla / indvwangu yelitafula
- coberts / tipuni imimese netimfologo

primer plat
kudla lokusicalo

plat principal
kudla locinile

darreries
idizethi

begudes
tinatfo

menjar
kudla

ampolla
libhodlela

menjar ràpid
kudla lokusheshako

menjar de carrer
kudla kwasemngwacweni

tetera
ligedlela lelitiye

sucrer
indishi yashukela

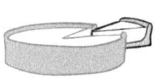

porció
incenye

màquina d'espresso
umshini we-espresso

trona
situlo lesiphakeme

factura
ibhili

plata
li-tray

ganivet
umukhwa

forquilla
imfologo

cullera
sipuni

cullereta
sipuni lesincane

tovalló
ithishu yetandla

got
ligilasi

restaurant - sitolo sekudla

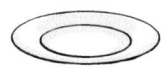

plat
lipuleti

plat de sopa
lipuleti lelisobho

plateret
lipringi

salsa
i-sauce

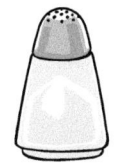

saler
libhodvo lasawoti

molinet de pebre
i-pepper mill

vinagre
niniga

oli
emafutsa awoyela

espècies
tipayisi

quètxup
i-ketchup

mostassa
i-mustard

maionesa
mayonasi

supermercat
isuphamakethe

oferta especial
lokusendalini

client
likhasimende

lactis
indzawo yelubisi

carro de compra
i-trolley

fruites
titselo

carnisseria
ibhushari

forn de pa
i-baker

moure
kala

verdures
tibhidvo

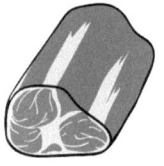

carn
inyama

menjar congelat
kudla lokucandzisiwe

supermercat - isuphamakethe

carn freda
inyama lebandzako

conserves
kudla likusemathinini

detergent en pols
insipho yekuwasha

dolços
emaswidi

articles domèstics
tintfo tasekhaya

productes de neteja
imitsi yekukolobha

venedora
umuntfu lotsengisako

caixa registradora
endzaweni yekubhadala

caixer
umtsengisi

llista de la compra
uhla lwetintfo tekutsengwa

horari d'obertura
ema-awa ekuvula

portamonedes
sipatji

carta de crèdit
likhadi lemali

bossa
sikhwama

bossa de plàstic
sikhwama seshekhasi

supermercat - isuphamakethe

begudes
tinatfo

aigua
emanti

suc
ijuzi

llet
lubisi

coca-cola
ikhokhi

vi
liwani

cervesa
ibhiya

alcohol
tjwala

cacau
ikhokho

te
litiye

cafè
likhofi

espresso
i-espresso

cappuccino
i-cappuccino

menjar
kudla

banana
bhanana

poma
lihhabhula

taronja
liwolintji

síndria
melon

llimona
ilemoni

pastanaga
emavondlela

all
galiki

bambú
i-bamboo

ceba
anyanisi

bolet
emakhowa

avellanes
emantongomane

fideus
ema-noodles

menjar - kudla

espaguetis
sipageti

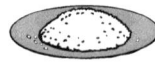

arròs
lilayisi

amanida
isaladi

patates fregides
emashibusi

patates fregides
emazambane lafrayiwe

pizza
i-pizza

hamburguesa
i-burger

entrepà
isengwishi

escalopa
inyama lefulawe netimvitsi tesinkhwa

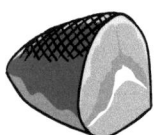

cuixot
i-ham

salami
isalami

salsitxa
livosi

pollastre
inyama yenkhukhu

rostit
lokufrayiwe

peix
imfishi

menjar - kudla

flocs de civada
i-oats

musli
imusili

cereals
ema-cornflakes

farina
fulawa

croissant
ema-croissant

panet
sinkhwa

pa
sinkhwa

torrada
linkhwa lesithosiwe

bescuits
emabhisikidi

mantega
bhotela

quallada
i-curd

pastís
likhekhe

ou
emacandza

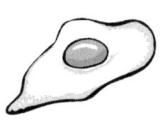

ou fregit
emacandza lafulayiwe

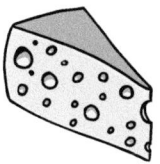

formatge
ishizi

menjar - kudla

gelat	sucre	mel
i-ice cream	shukela	luju

melmelada	crema de xocolata	curri
jamu	shokolethi	ikheri

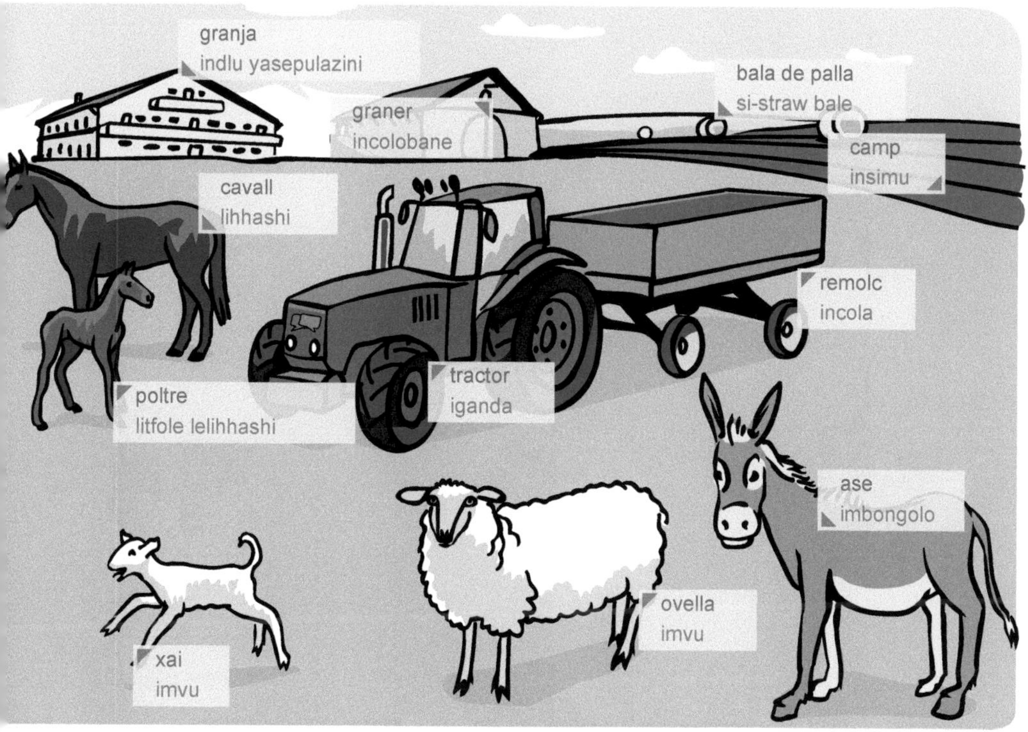

granja
lipulazi

granja / indlu yasepulazini
graner / incolobane
bala de palla / si-straw bale
camp / insimu
cavall / lihhashi
remolc / incola
poltre / litfole lelihhashi
tractor / iganda
ase / imbongolo
xai / imvu
ovella / imvu

cabra
imbuti

vaca
inkhomo

vedella
litfole

porc
ingulube

garrí
ingulutjana

bou
inkhunzi

granja - lipulazi

oca
lihansi

ànec
lidada

poll
lintjwele

gall
sikhukhukati

gallina
lichudze

rata
ligundvwane

gat
likati

ratolí
ligundvwane lelincane

bou
inkhunzi

gos
inja

gossera
indlu yenja

mànega de reg
liphayiphi lemanti asengadzini

regadora
libhakede lemanti

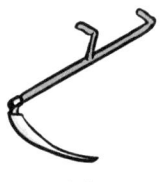
dalla
i-scythe

arada
likhuba leganda

granja - lipulazi

falç
lisikela

aixada
likhuba

rastell
imfologo yetjani

destral
lizembe

carretó
libhala

abeurador
litrofula

lletera
iromkani

sac
lisaka

tanca
ifenisi

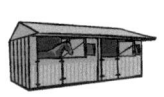

establa
sitebele

hivernacle
indlu leluhlata

sòl
umhlabatsi

llavor
imbewu

adob
sivundzisi

collidora
bavuni

granja - lipulazi

collir
vuna

collita
sivuno

nyam
i-yams

blat
likhula

soja
isoyi

patata
lizambane

blat de moro o d'indi
sibhuluja sembila

colza
i-rapeseed

arbre fruiter
sihlahla setitselo

mandioca
bhatata

cereals
ema-cereals

granja - lipulazi

casa
indlu

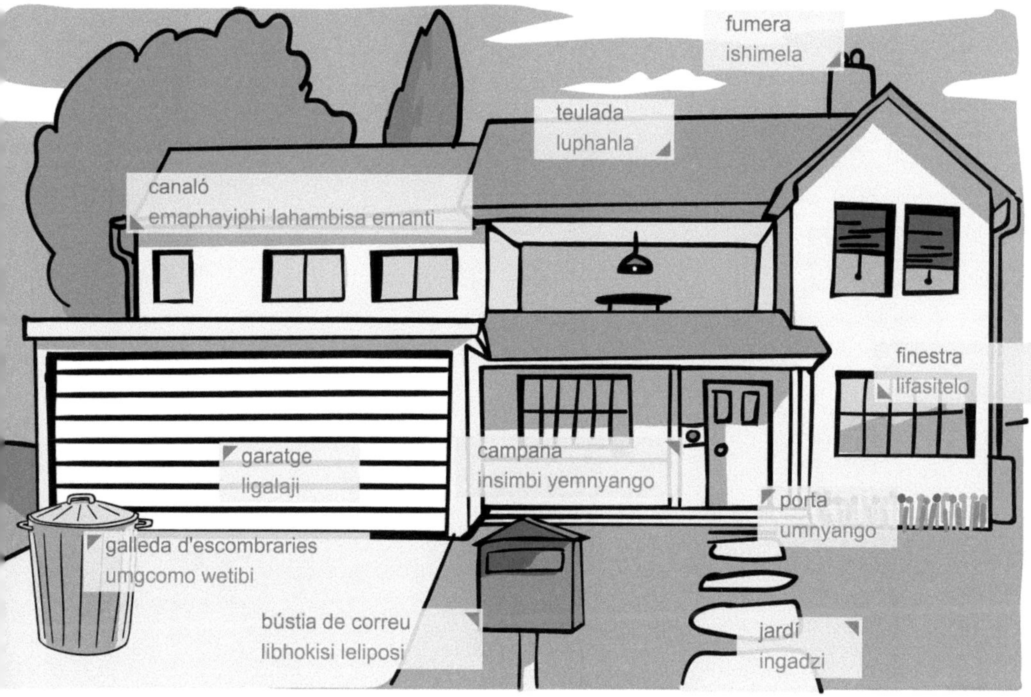

- fumera / ishimela
- teulada / luphahla
- canaló / emaphayiphi lahambisa emanti
- finestra / lifasitelo
- garatge / ligalaji
- campana / insimbi yemnyango
- porta / umnyango
- galleda d'escombraries / umgcomo wetibi
- bústia de correu / libhokisi leliposi
- jardí / ingadzi

sala d'estar
indzawo yamabonakudze

bany
likamelo lekugezela

cuina
likhishi

cambra de dormir
likamelo

cambra de nen
likamelo lemntfwana

menjador
ligumbu lekudlela

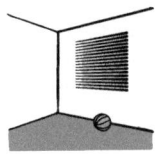

sòl
siyilo

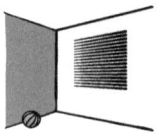

paret
lubondza

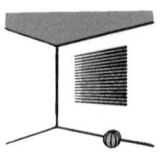

sostre
isilingi

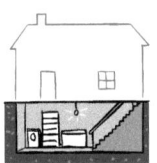

soterrani
i-cellar

sauna
i-sauna

balcó
umpheme

terrassa
libala

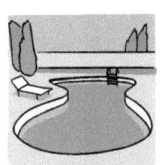

piscina
lidamu lekududa

tallagespa
umshini wetjani

vànova
lishidi

cobrellit
ibhedspredi

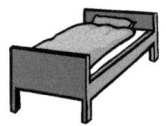

llit
umbhedze

escombra
umshanelo

galleda
libhakede

interruptor
iswishi

casa - indlu

sala d'estar
indzawo yamabonakudze

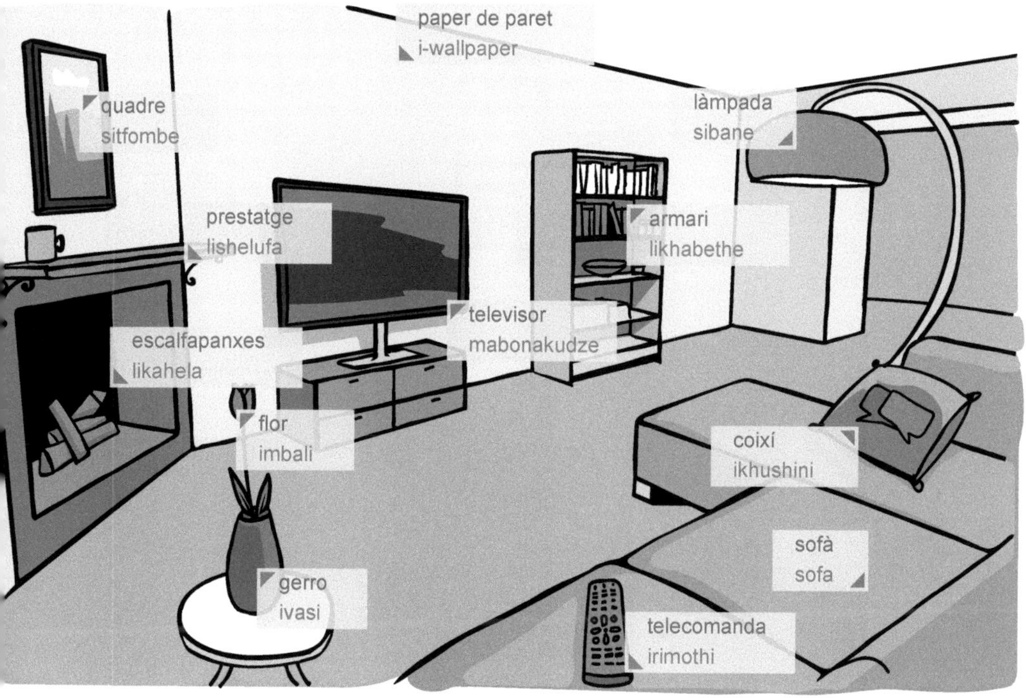

- paper de paret / i-wallpaper
- quadre / sitfombe
- làmpada / sibane
- prestatge / lishelufa
- armari / likhabethe
- escalfapanxes / likahela
- televisor / mabonakudze
- flor / imbali
- coixí / ikhushini
- gerro / ivasi
- sofà / sofa
- telecomanda / irimothi

catifa
imadi yendlu

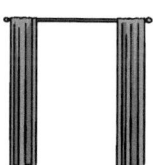

cortina
likhetheni

taula
litafula

cadira
situlo

cadira gronxadora
situlo sangephandle

cadiral
situlosemikhono

llibre
incwadzi

llençol
ingubo

decoració
umhlobiso

foguera
tinkhuni tekubasa

film
lifilimu

cadena de música
igumbagumba

clau
tikhiya

diari
liphephandzaba

pintura
pende

cartell
likhadi laselubondzeni

ràdio
iwayilensi

bloc de notes
kwekutsa emaphuzu

aspiradora
i-hoover

cactus
sitjalo lokutsiwa yi-cactus

candela
likhandlela

sala d'estar - indzawo yamabonakudze

cuina
likhishi

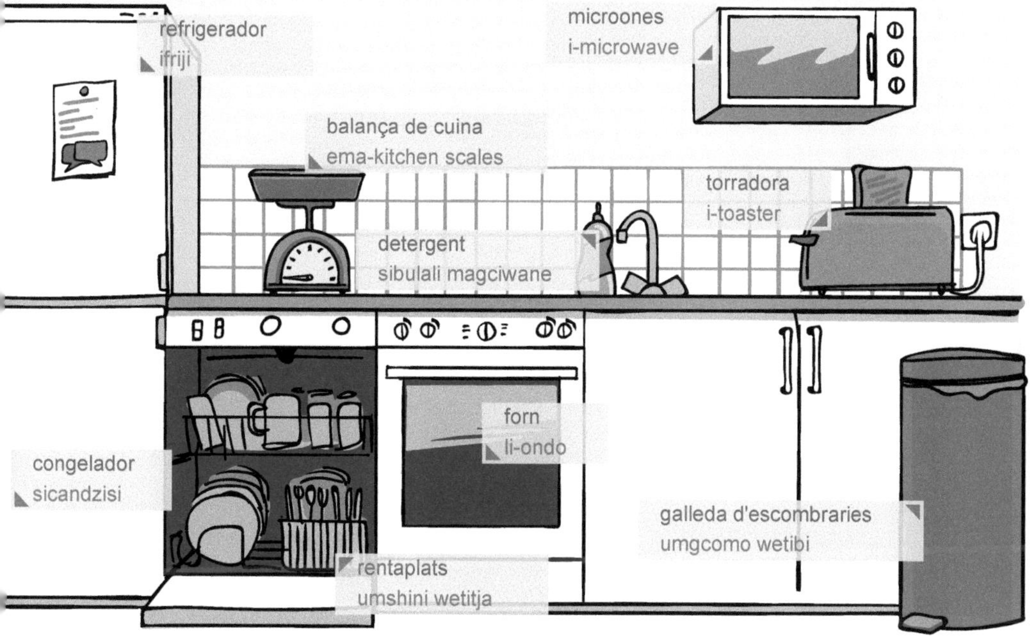

refrigerador
ifriji

microones
i-microwave

balança de cuina
ema-kitchen scales

torradora
i-toaster

detergent
sibulali magciwane

forn
li-ondo

congelador
sicandzisi

galleda d'escombraries
umgcomo wetibi

rentaplats
umshini wetitja

fogons
umpheki

olla
libhodvo

olla de ferro colat
i-cast-iron pot

wok / karahi
i-wok /kadai

paella
lipani

bullidor
ligedlela

cuina - likhishi

olla de vapor
i-steamer

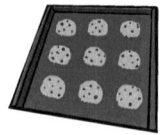
plata de forn
lipani lekubhaka

vaixella
i-crockery

tassó
imagi

bol
indishi

bastonets xinesos
tindvukwana tekujuba

culler
i-landle

espàtula
si-spatula

batedor
i-whisk

colador
i-strainer

sedàs
i-sieve

ratllador
i-grater

morter
i-mortar

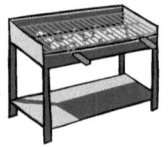
barbacoa
i-barbecue

fogó
umlilo lovulekile

cuina - likhishi

taula de tallar
libhodi lekujuba kudla

corró
i-rolling pin

llevataps
i-corkscrew

pot de conserva
likani

obridor
lithulusi lekuvala likani

agafador
intfo yekubeka emabhodvo

aigüera
izinki

raspall
libhulashi

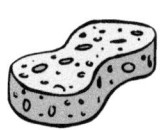
esponja
sipontji

batedora
i-blender

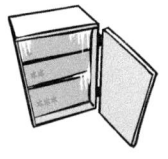
congelador
i-deep freezer

biberó
libhodlela lemntfwana

aixeta
impompi

cuina - likhishi

bany
likamelo lekugezela

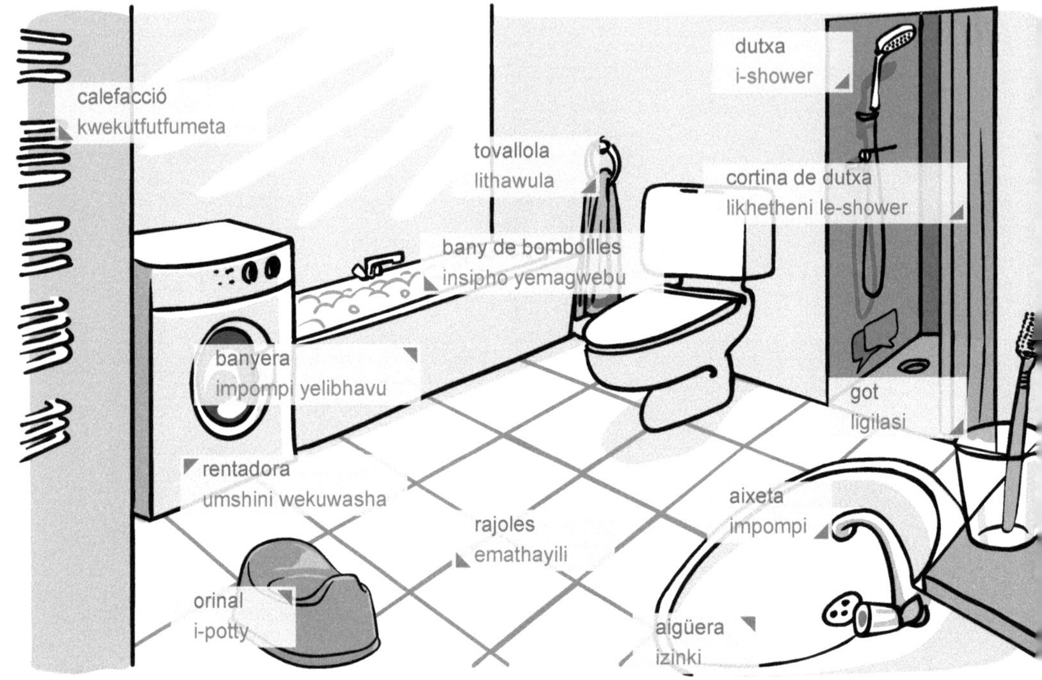

- calefacció / kwekutfutfumeta
- dutxa / i-shower
- tovallola / lithawula
- cortina de dutxa / likhetheni le-shower
- bany de bombolles / insipho yemagwebu
- banyera / impompi yelibhavu
- got / ligilasi
- rentadora / umshini wekuwasha
- aixeta / impompi
- orinal / i-potty
- rajoles / emathayili
- aigüera / izinki

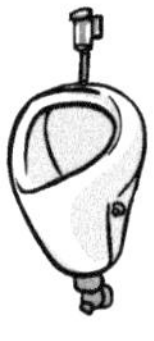

lavabo	lavabo turc	bidet
umthoyi	libhodvo lemthoyi	i-bidet
orinador	paper higiènic	escombreta de sanitari
umnchamo	ithishu	libhulashi lemthoyi

bany - likamelo lekugezela

raspall de dents

libhulashi lematinyo

pasta de dents

insipho yematinyo

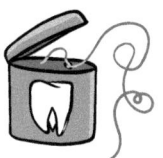

fil dental

intsambo yekuhlanta ematinyo

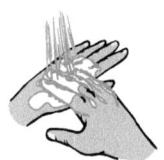

rentar

washa

pom de dutxa

liphayiphu le-shower lelibanjwa ngetandla

dutxa íntima

i-douche

rentamans

i-basin

raspall per a l'esquena

libhulashi lemgogodla

sabó

insipho lecinile

gel de dutxa

i-gel ye-shower

xampú

insipho yemagwebu

manyopla de bany

i-flannel

bonera

kwekuhambisa emanti

crema

i-cream

desodorant

emakha emakhwapha

bany - likamelo lekugezela

mirall
sibuko

mirall-espill de mà
sibuko lesincane

maquineta de rasar
i-razor

espuma de barbejar
emagwebu ekushefa

loció post-rasada
kwegcobisa ngemuva kwekushefa

pinta
i-comb

raspall
libhulashi

eixugador
kwekomisa tinwele

laca
kwekufutsa tinwele

maquillatge
kwekutimomonya

pintallavis
i-lipstick

esmalt d'ungles
pende wetingalo

cotó
i-cotton wool

tallaungles
sikelo setingalo

perfum
emakha

bany - likamelo lekugezela

necesser
sikhwama setintfo tekugeza

tamboret
situlo

bàscula
sikali sesisindvo

barnús
kwekugcoka nawugeza

guants de goma
emagilavu e-rubber

tampó
i-tampon

compresa
lithawula lekuhlanta

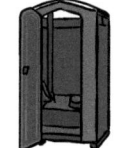
sanitari químic
imitsi yekukolobha umthoyi

cambra de nen
likamelo lemntfwana

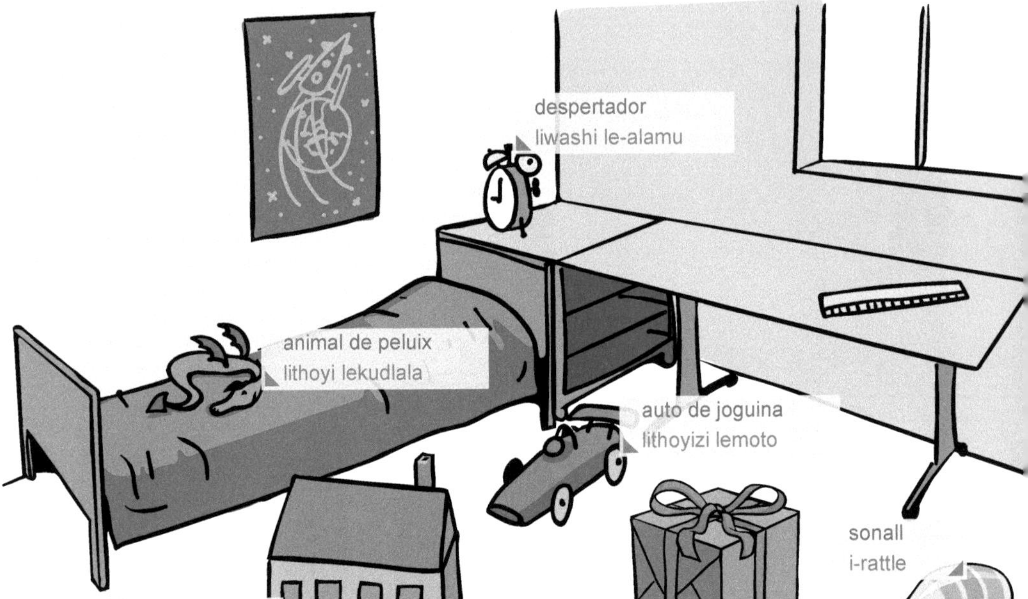

despertador
liwashi le-alamu

animal de peluix
lithoyi lekudlala

auto de joguina
lithoyizi lemoto

casa de nines
imipopi

present
i-present

sonall
i-rattle

baló

ibhaluni

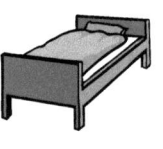

llit

umbhedze

cotxet per a nens

ipram

joc de cartes

emakhadi ekudlala

trencaclosca

i-jigsaw

historieta

i-comic

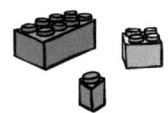

peces de lego
emabloko e-lego

pedres de construcció
emabloko ekwakha

ninot d'acció
i-actionfigure

granota
kukhula kwemntfwana

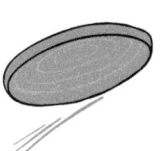

frisbee
i-frisbee

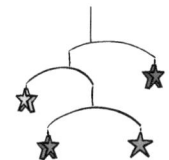

mòbil per a bressol
i-mobile

joc de taula
ibhodi yemdlalo

daus
lidayisi

tren elèctric
isethi yemathoyizi etitimela

maniquí
i-dummy

festa
i-party

llibre de dibuixos
incwadzi yetitfombe

pilota
ibhola

nina
nodoli

jugar
dlala

cambra de nen - likamelo lemntfwana

sorrera
umgodzi wemhlabatsi

gronxador
umjikeli

joguines
emathoyizi

consola de jocs de vídeo
umshini wemdlalo wema-video

tricicle
masondvontsatfu

osset de pelfa
umdoli welibhele

armari
ihhodrobhu

roba
timphahla tekugcoka

mitjons
emakawosi

mitges
ema-stockings

mitja pantaló
umtjopi

bodi
umtimba

pantalons
emabhuluko

jeans
ibhokathi

faldeta
sikedi

brusa
liblawosi

camisa
liyembe

jersei
i-pullover

dessuadora
i-hoodie

blazer
libhantji

jaqueta
silamba

mantell
lijazi

impermeable
lijazi lemvula

vestit de dona
i-costume

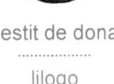
vestit de dona
lilogo

vestit de núvia
likogo lemshado

roba - timphahla tekugcoka

vestit d'home	camisa de dormir	pijama
isudi	i-gown yasebusuku	emabhijamu

sari	mocador de cap	turbant
i-sari	sikafu	i-turban

burca	caftan	abaia
i-burqa	i-kaftan	i-abaya

vestit de bany	calçotet de bany	pantalons curts
timphahla tekududa	ema-anda	emabhuluko lamafishane

xandall	davantal	guants
i-treksudi	liphinifa	emaglavu

roba - timphahla tekugcoka

botó
inkinobho

ulleres
tibuko

braçalet
buhlalu

collaret
umgaco

anell
indandatho

orellera
emacici

casquet
likepisi

penjador
i-hanger yelijazi

barret
sigcoko

corbata
thayi

cremallera
iziphu

casc
sivikelo senhloko

elàstics
kwekusekela sitfo semtimba

uniforme escolar
timphahla tesikolwa

uniforme
inyunifomu

pitet
i-bib

maniquí
i-dummy

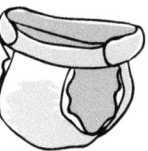

bolquer
linabukeli

oficina
lihhovisi

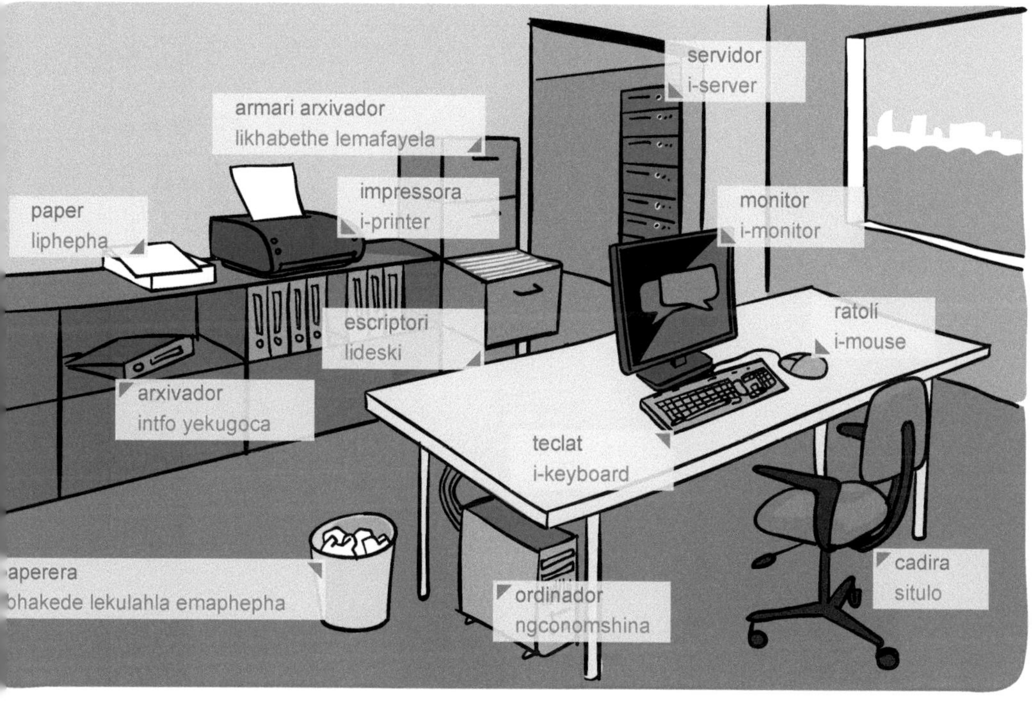

- servidor — i-server
- armari arxivador — likhabethe lemafayela
- impressora — i-printer
- paper — liphepha
- monitor — i-monitor
- escriptori — lideski
- ratolí — i-mouse
- arxivador — intfo yekugoca
- teclat — i-keyboard
- paperera bhakede lekulahla emaphepha
- ordinador — ngconomshina
- cadira — situlo

tassa de cafè
likomishi lelikofi

calculadora
i-calculator

Internet
i-inthanethi

ordinador portàtil

i-laptop

lletra

incwadzi

missatge

umlayeto

mòbil

i-mobile

xarxa

i-network

fotocopiadora

umshini wekwenta emakhophi

programari

i-software

telèfon

lucingo

presa de corrent

liplaliki lagesi

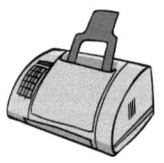

fax

umshini wekufeksa

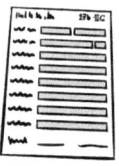

formulari

lifomu

document

liphepha

oficina - lihhovisi

economia
umnotfo

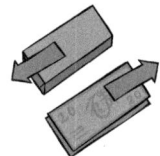
comprar
tsenga

pagar
bhadala

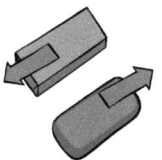
comerciar
beka imali

diners
imali

dòlar
li-dollar

euro
li-euro

ien
li-yen

ruble
li-rouble

franc suís
i-Swiss franc

renminbi yuan
i-renminbi yuan

rupia
i-rupee

caixer automàtic
umshini wemali

oficina de canvi
i-bureau de change

or
ligolide

argent
lisiliva

petroli
woyela

energia
emandla

preu
linani

contracte
sivumelwano

impost
umtselo

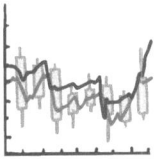

acció
sitoko

treballar
sebenta

treballador
sisebenti

empresari
umcashi

fàbrica
ifemu

botiga
sitolo

oficis
tikhundla

oficial de policia
liphoyisa

bomber
umcimimlilo

cuiner
umpheki

doctor
dokotela

pilot
umshayeli wetindiza

jardiner
losebenta engadzini

fuster
ummbati

costurer
umtfungi

jutge
mehluleli

químic
khemisi

actor
umlingisi

conductor d'autobús
umshayeli webhasi

taxista
umshayeli wekhumbi

pescador
umdvobi

dona de la neteja
limedi

ensostrador
umfuleli

cambrer
waiter

caçador
umtingeli

pintor
mapendani

forner
umbhaki

electricista
gesana

obrer de la construcció
meselane

enginyer
sonjiniyela

carnisser
umtsengisi wenyama

llanterner
somaphayiphi

correu
lohambisa liposi

soldat
lisotja

arquitecte
umdvwebi wemapulani

caixer
umtsengisi

florista
umtsengisi wetimbali

perruquer
losebenta ngetinwele

revisor
umbhidisi

mecànic
mekhenikha

capità
kaputeni

dentista
dokotela wematinyo

científic
sosayensi

rabí
rabi

imam
imam

monjo
monk

cura
umfundisi

oficis - tikhundla

eines
emathulusi

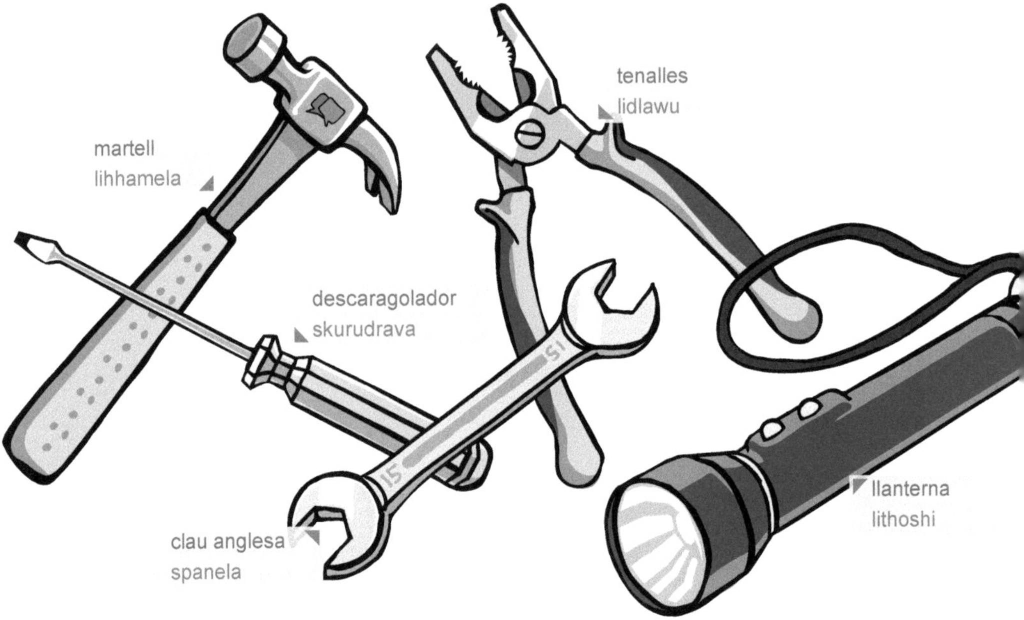

martell
lihhamela

tenalles
lidlawu

descaragolador
skurudrava

clau anglesa
spanela

llanterna
lithoshi

excavadora
lifosholo

caixa d'eines
libhokisi lemathulusi

escala
lilele

serra
lisaha

claus
tipikili

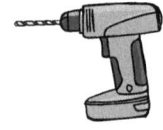

trepant
umshini wekwenta timbobo

reparar
lungisa

pala
lifosholo

Maleït siga!
i-Damni!

pala
lipani lekuwola tibi

pot de pintura
likani lapende

caragols
tikruzi

instrument de música
insimbi yemculo

bateria
ikhithi yemadramu

altaveu
sipika lesikhulu

guitarra
lugitali

contrabaix
lugitali lolukhulu

trompeta
i-trumpet

piano

i-piano

violí

ivayolini

baix

ibhesi

timbal

i-timpani

tambor

emadramu

teclat

i-keyboard

saxofon

i-saxohone

flauta

ifluthi

micròfon

umbhobho

instrument de música - insimbi yemculo

ZOO
i-zoo

- entrada / umnyango wekungen
- tigre / ingwe
- gàbia / lihhoko
- zebra / lidvuba
- aliment per a animals / kupha tilwane kudla
- ós panda / ipanda

animals
tilwane

elefant
indlovu

cangurú
ikangaru

rinoceront
bhejane

goril·la
igorila

ós
libhele

zoo - i-zoo

camell
likamela

estruç
i-ostrishi

lleó
libhubesi

simi
imfene

flamenc
i-flamingo

papagai
iparoti

ós polar
libhele

pingüí
iphejini

ca mari
shaka

paó
iphigogo

serp
inyoka

cocodril
ingwenya

guardià del zoo
umgcini tilwane

foca
isili

jaguar
i-jaguar

poni
poni

lleopard
ingwe

hipopòtam
imvubu

girafa
indlulamitsi

àliga
lusweti

senglar
ingulube yesiganga

peix
imfishi

tortuga
lifundvu

morsa
i-warasi

guineu
jakalazi

gasela
inyamatane

zoo - i-zoo

esports
temidlalo

futbol americà
libhola letinyawo laseMelika

ciclisme
umdlalo wemabhayisikili

tenis
itenesi

bàsquet
i-basketball

natació
kududa

boxa
umdlalo wetibhakela

hoquei sobre gel
umdlalo waselichweni

futbol americà
libhola letinyawo

bàdminton
i-badminton

atletisme
tingijimi

handbol
libhola letandla

esquí
umdlalo wekuntjuza

polo
i-polo

activitats
imisebenti

- riure / hleka
- saltar / gcuma
- abraçar / gona
- anar / hamba
- cantar / hlabela
- pregar / thantaza
- fer un petó / cabuza
- somiar / liphupho

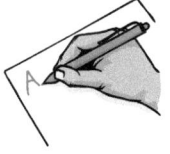
escriure
bhala

dibuixar
tsatsa

mostrar
khombisa

empènyer
fuca

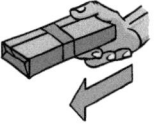
donar
nika

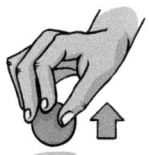
prendre
tsatsa

tenir
tsatsa

fer
yenta

ésser
be

estar dret
sukuma

córrer
gijima

estirar
dvonsa

llençar
jika

caure
wani

jeure
cala emanga

esperar
mani

portar
tsatsa

asseure's
hlala

vestir-se
yembatsa

dormir
lala

despertar-se
vuka

activitats - imisebenti

mirar
buka

plorar
khala

picar
shaya

pentinar
kama

parlar
khuluma

comprendre
condza

demanar
buta

escoltar
lalela

beure
natsa

menjar
dlani

endreçar
gcogca

estimar
tsandza

cuinar
pheka

conduir
shayela

volar
ndiza

activitats - imisebenti

navegar
ntjuza

calcular
bala

llegir
fundza

aprendre
fundza

treballar
sebenta

casar-se
shada

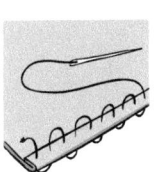
cosir
tfunga

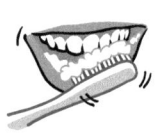
raspallar-se les dents
kugeza ematinyo

matar
bulala

fumar
bhema

enviar
tfumela

família
umndeni

àvia
gogo

avi
mkhulu

pare
babe

nadó
umntfwana

mare
make

filla
indvodzakati

fill
indvodzana

convidat
sivakashi

tia
anti

oncle
malume

germà
umnaketfu

germana
sisi

cos
umtimba

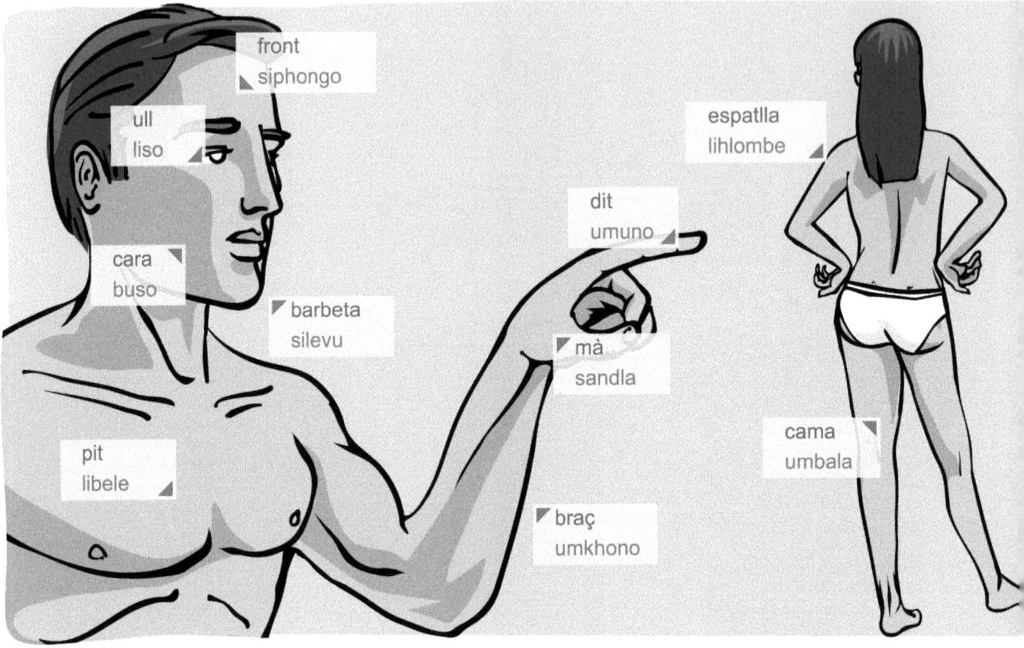

front
siphongo

ull
liso

espatlla
lihlombe

dit
umuno

cara
buso

barbeta
silevu

mà
sandla

pit
libele

cama
umbala

braç
umkhono

nadó
umntfwana

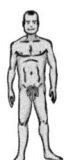

home
indvodza

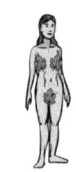

dona
umfati

noia
intfombatane

noi
umfana

cap
inhloko

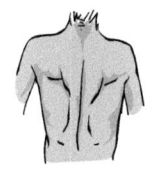

esquena
emuva

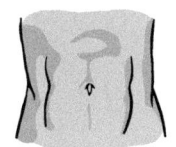

panxa
umkhatjana

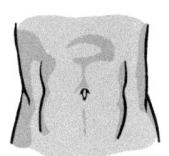

melic
sibhono

dit gros del peu
luzwane

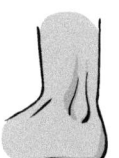

taló
sitsendze

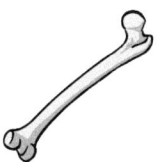

os
litsambo

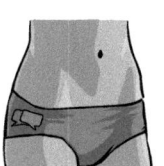

maluc
litsanga

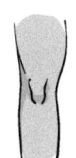

genoll
lidvolo

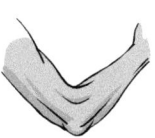

colze
ingcosa

nas
imphumulo

cul
entansi

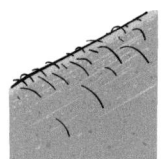

pell
sikhumba

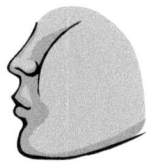

galta
sihlatsi

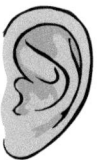

orella
indlebe

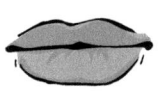

llavi
indzebe

boca
umlomo

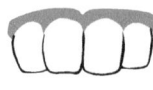
dent
litinyo

llengua
lilimi

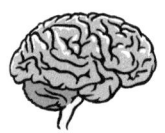
cervell
bucopho

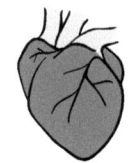
cor
inhlitiyo

múscul
umsipha

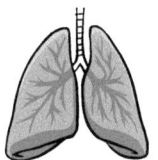
pulmó
liphaphu

fetge
sibindzi

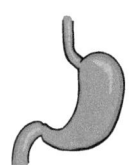
estómac
sisu

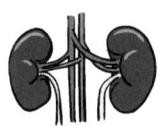
ronyó
tinso

sexe
kulalana

preservatiu
lijazi lemkhwenyana

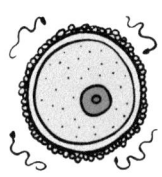
ovari
licandza lentalo

semen
sidvodza

prenyat
kukhulelwa

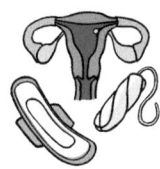

menstruació
kuya esikhatsini

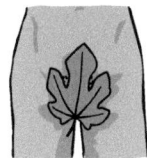

vagina
ligolo

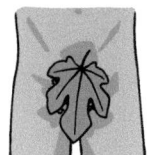

penis
umpipi

cella
inkhophe

cabells
lunwele

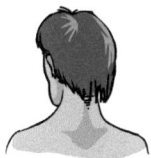

coll
intsamo

hospital
sibhedlela

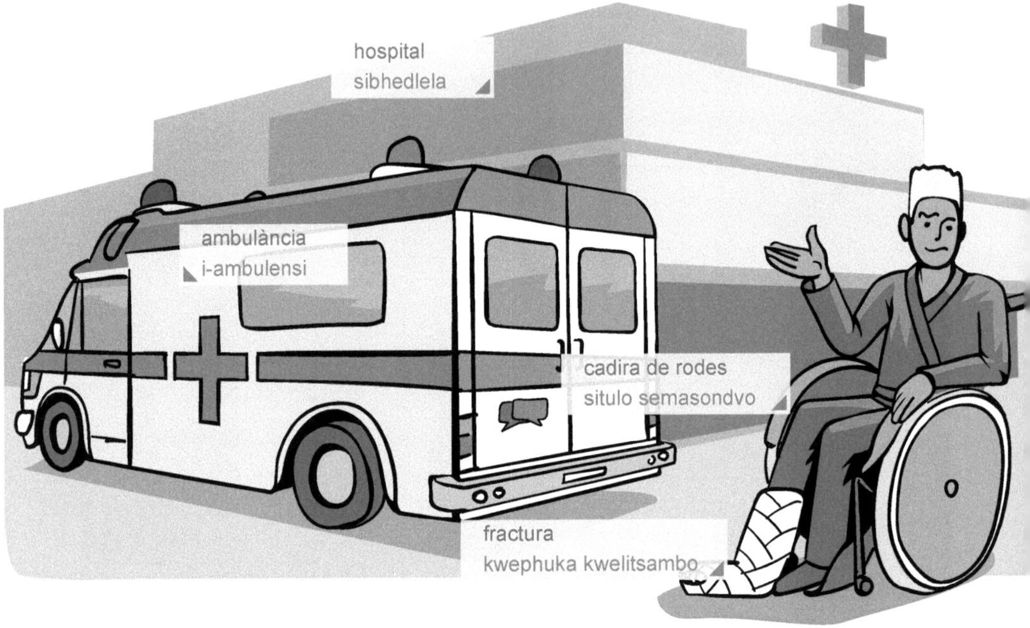

- hospital / sibhedlela
- ambulància / i-ambulensi
- cadira de rodes / situlo semasondvo
- fractura / kwephuka kwelitsambo

doctor
dokotela

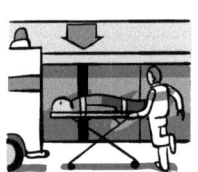

sala d'urgències
ligumbi letimo letiphutfumako

infermera
nesi

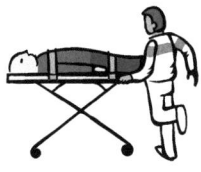

urgència
simo lesiphutfumako

inconscient
kucaleka

dolor
buhlungu

ferida
kulimala

sagnament
kopha

atac de cor
kuhlaselwa sifo senhlitiyo

apoplexia
kufa luhlangotsi

al·lèrgia
i-aleji

tos
kukhwehlela

febre
kushisa

gripa
umkhuhlane

diarrea
kusheka

mal de cap
kubulawa yinhloko

càncer
umdlavuza

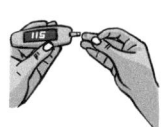

diabetis
kuba nashukela

cirurgià
dokotela

escalpel
umukhwa wekusika wabodokotela

operació
kusikwa

hospital - sibhedlela

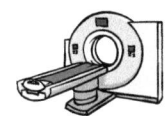
tomografia computada (TC), TAC
i-CT

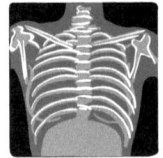
raigs x
i-x ray

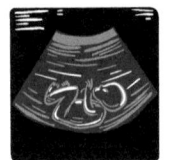
ultrasò
umsindvo

mascareta
sifonyo

malaltia
sifo

sala d'espera
ligumbi lekulindza

crossa
indvuku yekuhamba

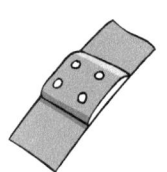
tireta
i-plaster

embenat
ibhandishi

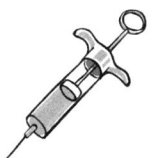
injecció
umjovo

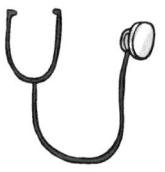
estetoscopi
lithulusi labodokotela lekulalela inhlitiyo

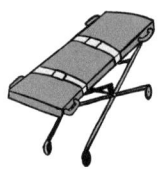
llitera
luhlaka

termòmetre clínic
kwekuhlola lizinga lemuntfu lekushisa

pariment
kutalwa

sobrepès
kunona kakhulu

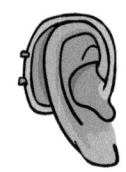
aparell auditiu
tinsita tekuva etindlebeni

desinfectant
sibulali magciwane

infecció
kwesuleleka ngesifo

virus
ligciwane

VIH / SIDA
i-HIV / AIDS

medicina
umutsi

vaccí
kugoma

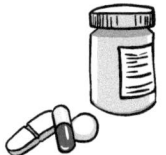
comprimits
emaphilisi

pastilla
liphilisi

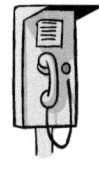
trucada d'urgència
lucingo loluphutfumako

tensiòmetre
sicaphi semfutfo wengati

malalt / sa
gula / umcemane

urgència
simo lesiphutfumako

Socors!
Lusito!

alarma
i-alamu

assalt
kuhlukumeta

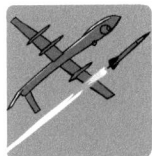

atac
kuhlasela

perill
ingoti

sortida d'urgència
umnyango wekuphuma nakuphutfuma

Foc!
Umlilo

extintor
sicishamlilo

accident
ingoti

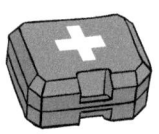

farmaciola de primers auxilis
ikhidi yelusito lwekucala

SOS
SOS

policia
emaphoyisa

terra
Umhlaba

Europa
i-Europe

Amèrica del Nord
iNyakatfo YeMelika

Amèrica del Sud
iNingizimu YeMelika

Àfrica
i-Afrika

Àsia
i-Asia

Austràlia
i-Australia

Atlàntic
i-Atlantic

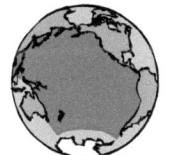

Pacífic
i-Pacific

Oceà Índic
i-Idian Ocean

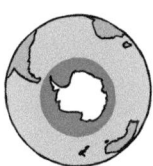

Oceà Antàrtic
i-Antarctic Ocean

Oceà Àrtic
i-Arctic Ocean

pol nord
Ligumbi laseNyakatfo

pol sud	Antàrtida	terra
Ligumbi laseNingizimu	iAntarctica	Umhlaba

país	mar	illa
indzawo	lwandle	sichingi

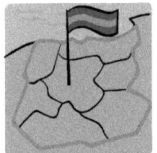
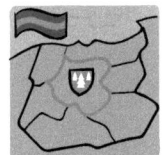

nació	estat
sive	umbuso

rellotge
liwashi

quadrant
buso beliwashi

agulla de les hores
li-awa

agulla dels minuts
imizuzu

agulla dels segons
imizuzwana

Quina hora és?
sikhatsi sini nyalo?

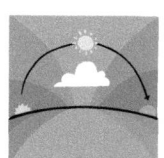

dia
lusuku

temps
sikhatsi

ara
nyalo

rellotge digital
liwashi lesimanjemanje

minut
umzuzu

hora
li-awa

setmana
liviki

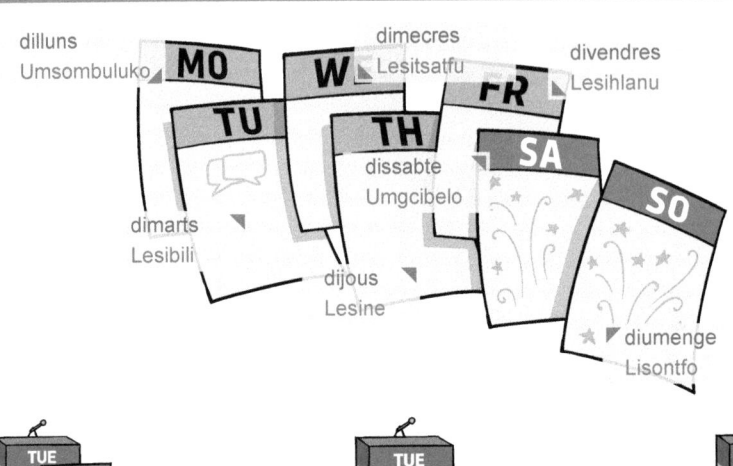

dilluns — Umsombuluko
dimarts — Lesibili
dimecres — Lesitsatfu
dijous — Lesine
divendres — Lesihlanu
dissabte — Umgcibelo
diumenge — Lisontfo

ahir
itolo

avui
lamuhla

demà
kusasa

matí
ekuseni

migdia
emini

tarda
entsambama

dia feiner
emalanga emsebenti

cap de setmana
imphelasontfo

any
umnyaka

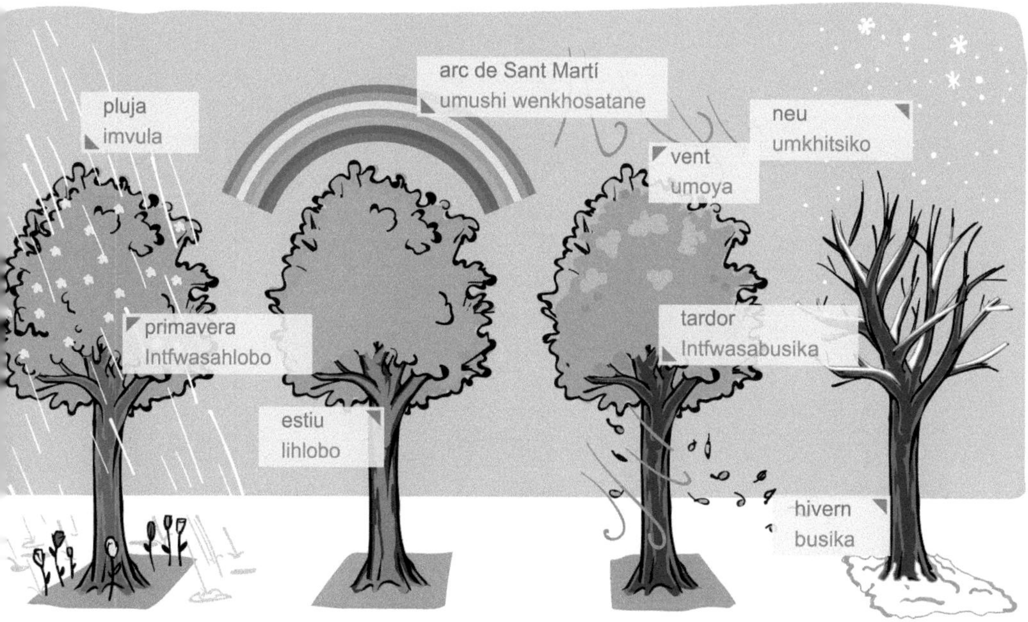

pluja
imvula
arc de Sant Martí
umushi wenkhosatane
neu
umkhitsiko
vent
umoya
primavera
Intfwasahlobo
tardor
Intfwasabusika
estiu
lihlobo
hivern
busika

4.APRIL 11°
5.APRIL 4°
6.APRIL 13°
7.APRIL 8°
8.APRIL 10°

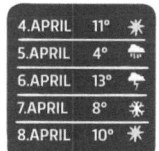

pronòstic del temps

simo selitulo

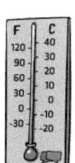

termòmetre

kwekuhlola lizinga lekushisa

llum del sol

kubalela

núvol

emafu

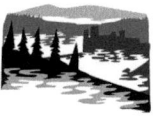

boira

inkhungu

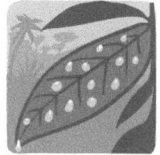

humitat de l'aire

umswakamo

llamp
umbane

tro
umbane

tempesta
kudvuma lobunebungoti

calamarsa
sangcotfo

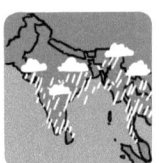

monsó
inyeti

inundació
tikhukhula

gel
lichwa

gener
Bhimbidvwane

febrer
Indlovana

març
Indlovulenkhulu

abril
Mabasa

maig
Inkhwenkhweti

juny
Inhlaba

juliol
Kholwane

agost
Ingci

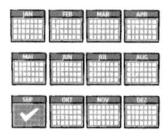
setembre
Inyoni

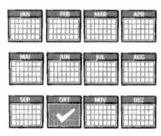
octubre
Imphala

novembre
Lweti

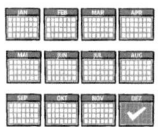
desembre
Ingongoni

formes
kubumbeka kwetintfo

cercle
indingiliza

quadrat
sikwele

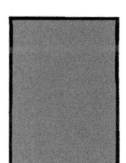
rectangle
umdvwebo lonetinhlangotsi letindze letilinganako

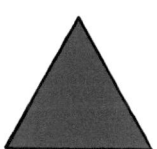
triangle
ncantsatfu

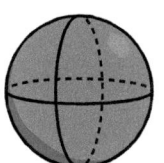
esfera
i-sphere

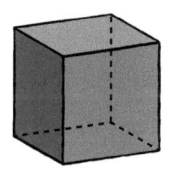
cub
ikhiyubhu

colors
imibala

blanc
kumhlophe

groc
phuti

taronja
sheli

rosa
kupinki

vermell
kubovu

lila
kunsomi

blau
luhlata

verd
luhlata njengetjani

marró
loku-brown

gris
mtfubi

negre
mnyama

oposats
lokwehlukile

molt / poc
kunyenti / kuncane

emprenyat / tranquil
kutfukutsela / kwehlisa umoya

bonic / lleig
buhle / bubi

començament / fi
sicalo / siphetfo

gran / petit
bukhulu / buncane

clar / fosc
kukhanya / bumnyama

germà / germana
bhuti / sisi

net / brut
kuhloba / kungcola

complet / incomplet
kuphelela / kungapheleli

dia / nit
imi / busuku

mort / viu
kufa / kuphila

ample / estret
kubanti / kuncane

comestible / immenjable

lokudliwako / lokungadliwa

dolent / amable

inhlitiyo lembi / umusa

entusiasmat / entediat

kutsakasa / kudvumala

gros / prim

sidudla / umcondvo

primer / darrer

kwekucala / kwekugcina

amic / enemic

umngani / sitsa

ple / buit

kugcwala / kute lutfo

dur / tou

kucina / kutsamba

pesant / lleuger

kusindza / kulula

gana / set

kulamba / koma

malalt / sa

gula / umcemane

il·legal / legal

kungabi semtsetfweni /
kuba semtsetfweni

intel·ligent / ximple

kuhlakanipha / bulima

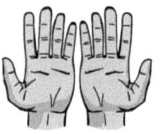

esquerra / dreta

sencele / sekudla

prop / llunyà

dvutane / khashane

oposats - lokwehlukile

nou / usat

lokusha / lokudzala

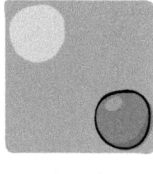

res / quelcom

kute lutfo / kunalokutsite

vell / jove

budzala / busha

encès / apagat

kuyasebenta / akusebenti

obert / tancat

kuvulekile / kuvalekile

silenciós / sorollós

kuthula / umsindvo

ric / pobre

kunjinga / kuphuya

correcte / incorrecte

kulungile / akukalungi

aspre / suau

kuyahhedla / kuyashelela

trist / content

kuva buhlungu / kujabula

curt / llarg

kufishane / kudze

lent / ràpid

kunwabuka / kushesha

humid / sec - eixut

kumanti / komile

calent / fred

kufutfumele / kusivuvu

guerra / pau

imphi / kuthula

oposats - lokwehlukile 87

nombres
tinombolo

0 zero
indilinga

1 u
kunye

2 dos
kubili

3 tres
kutsatfu

4 quatre
kune

5 cinc
sihlanu

6 sis
sitfupha

7 set
sikhombisa

8 vuit
siphohlongo

9 nou
yimfica

10 deu
lishumi

11 onze
lishumi nakunye

12

dotze
....
lishumi nakubili

13

tretze
....
lishumi nakutsatfu

14

catorze
....
lishumi nakune

15

quinze
....
lishumi nesihlanu

16

setze
....
lishumi nesitfupha

17

disset
....
lishumi nesikhombisa

18

divuit
....
lishumi nesiphohlongo

19

dinou
....
lishumi nemfica

20

vint
....
emashumi lamabili

100

cent
....
likhulu

1.000

mil
....
inkhulungwane

1.000.000

milió
....
sigidzi

nombres - tinombolo

llengües
tilwimi

anglès
Singisi

anglès americà
Singisi saseMelika

xinès mandarí
SiMandarini seseShayina

hindi
SiHindi

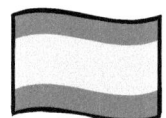

espanyol
Sipanishi

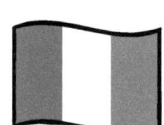

francès
SiFulentji

àrab
Si-Arabu

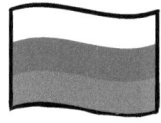

rus
SiRashiya

portuguès
SiPhuthukezi

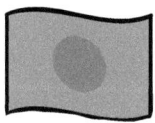

bengalí
SiBhengali

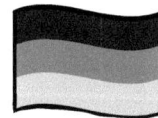

alemany
SiJalimane

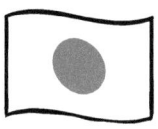

japonès
SiJapane

qui / què / com
ngubani / ini / njani

jo
Mine

tu
wena

ell / ella / allò
yena / yona

nosaltres
tsine

vosaltres
nine

ells
bona

qui?
bani?

què?
ini?

com?
njani?

on?
kuphi?

quan?
nini?

nom
libito

on
kuphi

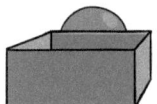

darrere

ngemuva

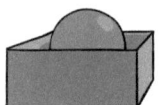

en

ekhatsi

davant de

embi kwe

sobre

ngenhla

a

etulu

sota

ngephansi

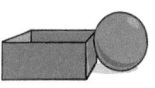

al costat

eceleni

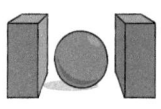

entre

emkhatsini

lloc

indzawo